푸른 잎에 상처를 내다

국립중앙도서관 출판예정도서목록(CIP)

푸른 잎에 상처를 내다 : 김영자 시집 / 지은이: 김영자. --
대전 : 지혜, 2014
p. ; cm

ISBN 979-11-5728-013-1 03810 : ₩9000

한국 현대시[韓國現代詩]

811.7-KDC5
895.715-DDC21 CIP2014032192

지혜사랑 118

푸른 잎에 상처를 내다

김영자

지혜

시인의 말

고대 신화에서 태양이 남신이라면 달은 여신이다. 신화에서처럼 여성성을 상징하는 달은 다산을 의미하기도 한다.

달은 우주적 생명력의 원초적 그리움의 신운神韻을 가지고 있다. 저수지 수면 위로 비치는 푸르스름한 달빛은 적막한 밤을 더욱 깊고 환상적인 분위기로 자아낸다. 달의 영기가 내 몸으로 들어와서 일까.

초경을 치러야 하는 두려움과 신비로움의 시작으로 수십 년 동안 내 몸속에서 달이 차고 기움이 반복되었다.

처음에 시를 쓴다는 설레던 마음은 간곳없고 시 쓰기를 수없이 반복하여도 늘 어렵기만 한 시詩다.

시 한 편 쓰기를 게을리 하는 내게 이 시집이 탄생하기까지 아낌없이 채찍질을 해주신 김명인 교수님께 감사드린다.

수년 동안에 걸쳐 탄생한 이번 시집에서 한 편의 시라도 어두운 밤하늘의 달빛처럼 세상을 환하게 비추기를 바랄뿐이다.

2014년
김영자

차례

2부

3부

4부

• 일러두기
한 연이 첫 번째 행에서 시작될 때는 > 로 표시합니다.

1부

아버지의 짐승들

나는 정지되었다 바람 한 점 없는 여름 속에서 -얘야 남자라는 기둥으로 네 줄기를 감아올리지 말거라- 아홉 살 꽃상여로 정지된 아버지가 중얼거린다 -시냇물 위로 흐르는 새들의 노래 푸르른 나무의 밑동은 자르지 마세요.

내 안에 새카만 짐승들이 고개를 쳐들고 있다 줄기를 감아올리지 못하는 사나운 넝쿨들 머리만 치렁치렁 길어져 미장원을 간다. -내 몸 안에서 자라는 검은 짐승들의 갈기를 모두 잘라주세요. 거친 들녘에 무성한 수풀 속에서 혼자 으르렁거리는 짐승의 울음소리 밤이나 낮이나 눈 치켜 뜬 것들을 모든 짐승들 깎아주세요. - 뿌리를 몽땅 잘린 나는 어디로 가야할까

젊음과 자식들의 어린시절 아-버-지는 사냥꾼이었다 우리집은 아버지가 사로잡아온 짐승들로 득실거렸다 -아-버-지 내 시퍼런 등줄기로 세상을 친친 감아올리고 싶어요. - 깊은 곳에서 북소리 둥둥 울려 왔지만 내 청춘의 밑그림은 아무것도 스케치 할 수 없었다.

꽃들

가랑이 쪽으로 흘러내리는 꽃물은
아랑곳 하지 않고
꽃들은 진홍꽃 입술을 하고 있다

말벌의 독침에 상처 난 비명
빨간 꽃은 빨갛게
갓 핀 꽃은 말갛게 흘러내리는 꽃물

겹진 입술을 달고 가랑이 깊은 곳에서
검은색 붉은색 선홍색
꽃들은 은밀하게 꽃술을 밀어 내고 있다

7080 뮤직 박스

음악들이 나를 꼭꼭 골방에 가두었지
뛰쳐나가지 못하도록 스모키로 비틀즈로 잠궈놓았지
온몸을 배배 꼬고 고개를 흔들게 했지
단발머리를 고래고래 불러 재꼈어
뮤직 박스 속의 나에게 환호성을 질러대던
삼삼한 그녀들을 잊을 수가 없지
그 시절 째지라 온몸이 짜릿해 지는 걸
나도 어쩔 수가 없었지
세기말을 넘겨서도 박스 안에서
나는 한 발짝도 움직일 수가 없었어
달콤하고 허스키한 목소리로 심장을 두들겨대던
목소리들, 동굴 속에서 혼미하게 소리 질러대는
나를 나는 혼자 둘 수가 없었던 거야
간혹 시계 속에 모래가 남아서
고양이 같이 스며드는 모래알들에게
나는 미친 듯이 노래를 불러주지
이 골방은 늙지 않으려는 자들의 천국이지
창문을 꼭꼭 닫아놓고 하루 종일 함께
온몸을 흔들어 대는 거야
단발머리 그녀들이 또 깍깍 소리를 질러대네
이건 비밀인데 귀 좀 대보게
시끄러운 소리 스모키가 패인 주름살들 늘어뜨리네
이 골방은 7080이 박제된 영혼의 성이라네

색소폰 부는 여자

테이블 사이로
꼬리치며 헤엄치는 그녀
어둠 저쪽에 컴컴한 그물들이 드리워져 있다
낮 동안 탑골공원을 빙빙 돌던 늙은 수부들이
어스름 저녁 부두로 와서
선술집 늙은 여인과 귓속말을 건네고 있다
그녀가 입에 아귀 같은 힘을 줘 색소폰을 분다
무인도에 상륙한 늙은 수부에게 다가가
더 큰 파도를 흘리는 그녀
등지느러미를 따라 술집주인의 손놀림은 바빠진다
한 수부가 그녀에게 다가가 그녀 등지느러미에
지폐를 끼워 준다
커다란 지느러미를 따라 늙은 수부들이 유영을 한다
색소폰 구멍 사이로 흘러넘치는 파도
낙원동 선술집은 순식간에 바다가 된다
저 물고기는 힘이 세다

집 천식 들다

집은 날마다 술 취한 채 기침을 쿨럭거린다
시도 때도 없이 날아다니는 집기들
밥상이 뒤집힌다
식구들은 요리조리 피해서 달리기를 한다
집을 피해 이웃집에 기어드는 엄마
치마꼬리를 잡고 어린 딸들이 따라 간다
술 취한 집도 따라 나선다
모두들 밤새도록 이집 저집 달린다 숨이 차다
눈에 보이지 않는 곳에서
집의 숨통을 틀어쥐는 엄마
이 세상 술을 모두 가져와 쨍그랑
마당에 내동댕이친다
마침내 집은 혼자 밤새도록 가르랑 소리를 낸다
엄마와 어린 딸들 치마폭에 목울대를 매고 끅끅댄다
어둠에 잠긴 집은 혼자서 숨이 차다
밤새도록 술이 깨지 않는다

가시연꽃

날마다 어둠을 뚫는 그녀를 말리느라
홀어머니 방패 같은 손등은 상처투성이다
이웃집 처녀들 분홍빛 블라우스를 입고
푸른 들판을 나풀거릴 때
그녀 홀로 깊은 늪 속에서 외친다
엄마 집을 벗어나고 싶어요
그럴수록 뿌리는 진흙탕에 점점 더 깊이 박히고
아무도 그녀를 꺼내주지 않는다
아이 징그러워 온몸이 쭈글쭈글 하네
수런대는 사람소리에 움찔 놀라는 어머니
음지에서 자라는 딸에게 부지런히 갑옷을 껴입힌다
타인에게 쉽게 마음을 내 보이면 안 된다
온몸으로 가시를 세워야 해
싫어요 정말 싫어요
습기 찬 집구석만 벗어나면
햇빛 찬란한 곳으로 나갈 수 있어요
여름 내내 어머니의 생살을 뚫고
보랏빛 드레스 화사하게
세상 밖으로 튀어 나오는 그녀

사각에 갇히다

모서리들이 길을 감추고 있다. 구석진 자리에 웅크려도 사각의 무늬들은 나를 깊은 구석으로 밀어 넣는다. 무수한 모서리 속에 점점 작아져서 나는 보이지 않게 되었다.

베니어판 천장을 살찐 쥐가 사각사각 갉아먹고 있다. 어둠이 내린 들 품을 파는 홀어머니를 늦게까지 기다리다 잠이 든다. 사각의 천장은 꿈결에도 내게 자꾸만 달려든다.

어둠을 갉아먹어 몸집이 커진 쥐가 나를 노려본다. 술 취한 아버지가 사각 속에서 비틀거리며 걸어 나온다. 구석진 모서리가 나를 감춘다.

뚱뚱해진 쥐는 나를 보지 못한다. 아버지도 나를 보지 못한다. 나도 나를 보지 못한다.

영주 가는 길에

태양을 송두리째 삼킨 사과를 보며 어린 나는 늘 눈이 부셨다
땅 한 평 없는 울 엄마 집은 사과 볕이 들지 않았다
사과 볕은 친구네 과수원에서만 찬란하게 빛났다

사과 몸속에 들어있는 해를
내 가슴에 자꾸 밀어 넣고 싶었다
과수원 길을 숱하게 지나다니면서도
나는 해의 몸을 딸 수가 없었다

오늘은 영주 가는 길
소백산맥의 부드러운 바람을 마주하며
가지 끝에 주렁주렁 열린 해를 본다
가을을 온통 담은 사과 볕
어느새
내 몸이 빨갛게 익고 있다

그 여름, 길의 침수

처음은 사소한 빗방울이었네 어느새 빗방울들 강물이 되어 침수된 도로 앞에 통행금지가 처졌네 집중 호우와 바람은 자꾸 몸 안으로 들이쳤네 범람한 채로 그 여름이 지나고 있었네 위험 수위의 물들이 오랫동안 빠지지 않았네 소, 돼지 떠내려 오네 산골 마을 무너진 집채 폐비닐 떠다니네 흙탕물에 불은 끊어진 다리위로 곯어 올랐네 사람들의 오장육부 일순간 하늘로 날아오르네 비는 더욱 세차게 한 여름 내내 흘러내렸네 내리는 빗줄기를 타고 찢어진 몸통들이 떠다니네

가을저녁

저무는 저녁 한 모퉁이에서 사내가 꺽꺽거리고 있다
사내는 달포 전에 젊은 아내를 떠나보내고
혼자 남았다 타국에서 온 아내
지나가는 사람들 발자국마다 빗방울이 스며들고 있다
아내는 낯선 땅에서 배시시 웃기도 잘했다
황금빛 햇살 아래 코스모스 한들거리는 몸매를
휘날리며 다닐 때는 온 집안이 다 환했다
그해 유난히 맑은 하늘이 견딜 수 없다며
그녀는 점점 말수가 적어졌다
아내는 자꾸 밖으로 나가기 시작했다 사내는
눈을 치켜뜨고 아내에게 왝왝 소리를 질러댔다
남편 몰래 집을 나간 아내
주민등록증이 나온 다음날이었다
아내는 지금 다른 사내에게로 가서 해실해실 웃고 있겠지
사내는 여자를 찾으러 갈대바람같이 서걱서걱 떠돌아 다녔다
끼니도 거른 채 구석구석 돌아다니다 보면
뒤늦게 피어있는 코스모스 꽃무더기 사이에서 그녀가 배시
시 웃는다
푸드득 달려 가보면 아내는 사라지고 없다
가늘어진 다리로 전국을 떠돌아다니며 헛것을 보던 사내
빈 집으로 돌아온 그날 밤
추적추적 내리는 빗속에서 밤새도록
왜가리 한 마리 꺽꺽거리며 엎드려 있다

가면

아침마다 바꿀 수 있는 나의 얼굴
어제 부장한테 너무 얼굴을 조아렸더니
안면이 당기는군
오늘 아랫놈이 결재 올리면
이리저리 미루어야지
안면근육을 풀어주게
목에 힘주고 다리는 길게 뻗고
회전의자를 하루 종일 돌려야지
세상 일이 내 마음대로 안 될 때는 더욱 빨리
얼굴을 바꾸는 거야
얼굴을 바꾸는 내 솜씨는 천하 명품이야
부장새끼가 마음에 들지 않지만
밀려나지 않으려면 명품을 잘 사용해야지
제 얼굴을 보시면 진짜 의도를 아시지 않습니까?
되돌아서면서 새끼
아랫것들 쥐 잡듯 하고
집으로 돌아와 날마다 두 손으로
얼굴거죽을 벗겨내고 있지
매일아침 새로운 가면을 쓰기 위해서

통복천에서

한 여름 태양 통복천 가랑이 사이로 흘러 들어가고 있다
한낮의 햇살에 달구어진 다리 위 열서너 살 되어 보이는
계집아이 민소매 티 좌판 벌려놓고 있다
여름장날 자외선은 그녀 얼굴에만 모여 있다
시커먼 얼굴에 눈만 반짝거린다
지나가는 행인들에게 소리치고 있다 천원이예요 천원
계집애가 철퍼덕 깔고 앉은 다리 아래
도시에서 토해낸 시름거리는 물이 흘러내리고 있다
좌판 앞에 앉아서 천원의 얼굴을 들여다본다
저 아이 엄마는 오솔길 뻐꾸기 소리에 둥지를 떠나갔을까
작은 배낭에 담아서 가져온 전부 열 장이나 될까 말까
민소매 티 목 주변에 때가 묻어있다
장보러 나온 몇몇 사람들
천원짜리 흘려놓고 총총 떠나는 자리
계집애가 새하얀 이를 드러내 놓고 웃는다
한낮 내내 몸살을 앓던 통복천
계집애가 퍼질러 앉은 다리 아래에서
여름저녁 햇살에 반짝거리며 빛나고 있다.

나귀 귀가 반짝이다

저녁마다 벽속에 귀를 감추고 있었네 혼자 사는 일은 매일 어둠속으로 걸어 들어가는 일 아침이면 수천 개의 문을 열고 나와서 햇빛같이 웃어주는 일 아무것도 담지 않았던 귀를 쫑긋거리며 나는 매일 잘 살고 있지요 밤새 아무 일 없었지요 밤 사이 어떤 소리도 들여놓지 못했으므로 가랑이에도 꽃피지 않았어요 어느 동굴 속에서도 꽃대가 올라오지 않았지요 벽은 칸칸마다 꽃을 잠그고 있었네 벽을 깨고 소리 혼자 걸어 나오지 못하는 내 몸, 수천의 귀들이 쫑긋거리네 어둠으로 절여져 있는 소리를 꺼내어서 햇볕에 널고 있는 내 귀는 점점 당나귀 귀가 되어 반짝인다.

참 신기한 몸살

며칠간 햇빛은 내가 사는 궤도에 들어오지 않았다 검은 소떼로 몰려다니는 구름
소나기가 머리를 톡톡 건드리며 땅 속으로
스며들 때 바다에서나 보았던 긴 문어 다리가
내 발과 다리에서 솟아오르기 시작했다
겨드랑이 사이에도 다리가 보였다
많은 다리를 가지고서도 나는 무기력했다
빨래와 설거지는 쌓이고 출, 퇴근 시간에도 다리를 끌고 다니느라 힘에 겨웠다
컴퓨터 게임에 아이들은 엄마의 수없이 달린
다리에 눈 돌릴 새가 없다
며칠 후 늘어진 다리로 가득 차 있는 방안에
햇볕이 자라기 시작했다 내가 사는 지구에 햇볕의 위도를 맞추고 있는 사람이 보였다
순간 다리들은 몸 안으로 들어가기 시작했다
내 몸은 새털이 되었다

눈

열일곱 소녀들이 우르르 몰려온다
깔깔거리던 웃음소리가 순식간에 함박꽃이 되어
바닥 위로 나뒹굴고 있다

지하철 입구에서 배회하던
가출한 몇몇 소녀들은
낯선 남자의 어깨에 매달려갔다

가로등에 비추이던 한순간은
포근하고 따뜻했다
화려한 불빛은 꺼지고
문들은 하나 둘 닫힌다

한 잎 지고 또 한 잎 지며
겨울밤의 흰 꽃들이
소리 없이 시든다

휘청거리는 걸음으로 밤새도록
딸의 흔적을 찾아 나선
중년의 어깨 위로 북풍이 몰아치고 있다

백야의 얼굴

늦은 밤에도 쉽게 떠나지 못하며
그녀 곁을 서성거리는 남자
밤을 건너가지 못하는 하루가
창백한 얼굴로 바라보고 있다
저쪽 풀밭 낙타는 순한 눈을 하고서
졸음이 와도 잠들지 못한다
오래전에 한 여자를 알았었지 선한 눈빛을 하고
꿈이 아름다운 평원을
야생마 같이 질주하던 까무잡잡한 여자를
혼자 짝사랑하며 가슴앓이 하던 목동
불길로 타 오를 때마다
말들을 채찍질하며 대평원을 달렸던 사내
길들일 수 없는 야생마 같은 여자는
홀연히 떠났다가 외국 남자와 함께 돌아왔지
끝없이 뒤 쫓아가기만 하던 목동의 남자는
그래도 늦은 밤까지 제 집으로 돌아가지도 못하고
먼발치에서 뜬 눈으로 지새우며
여자의 주변을 서성거리고만 있다

유목의 시간

그녀의 가슴 언저리는
바람에게 내 준지 오래다
아이들은 방목되고 목장은 비었다
남편이 떠도는 시간 거실 한 구석에 홀로 웅크린다
초인종 대신 초침소리가 자박거리는 한밤
새벽녘이 되어서야 돌아오는 식구들
아무도 그 새벽에 그녀가 사막으로 떠나는 것을 모른다
만취가 된 남자는 늑대 울음소리에 화들짝 놀라
돌아보면 선인장 가시덤불
모래바람 속에 여자 혼자 상처를 들여다보고 있다
더 깊은 모래 구덩이로 침몰되기 전에
사막을 휩쓸고 지나가는 바람소리를 듣고 있다

2부

여름 한낮

후끈후끈 달아오르는 심장을 비굴하게 가라앉히고
상냥한 미소만이 살길이라고 책상은 일러준다
지금 그녀는 간도 쓸개도 없는 사람으로 개조되는 중이다

이십 년이 지나도 말단의 꼬리표를 자르지 못하는 그녀
사방에서 속사포가 발사되고
바람 한 줄기 없는 한낮이 기세등등하다

에어컨도 가동되지 않는 사무실
약삭빠른 사람들은 물먹는 하마를 옆구리에 차고
이미 습기 찬 서류들을 다 빨아들였지만
그녀 앞에 쌓인 서류는 줄어들지 않는다

그녀의 머리 위로
가끔 소나기가 내렸지만 여름 내내
그녀의 하마는 온몸을 거대한 하늘에 맞대고
온몸을 지금 씨름중이다

가을이 오려면 아직 멀었는데
간혹 회오리바람이
푸른 나뭇잎들을 이리저리 뒤집어 놓는다

오래된 길

중세의 문을 열고 들어간다
베수비오 화산재로 순식간에 하늘은 어두워지고
사방으로 암석파편을 뿜어내면서 사람들은 공포에
떨며 죽어갔다
검은 지층에서 서로 껴안고 있는 사람들 사이
시간의 덩굴식물을 걷어내면
천칠백 년 전의 길이 열리고 있다
광장에서
원형극장에서
사람들이 함성을 지른다
고택이 늘어서 있는 길 양편
나무들이 오래된 비늘을 털어내면
향락과 휴양을 즐기던 음성들이 들린다
아가씨 이리 와 봐요
우리와 함께 춤을 춰요
손님 여기에서 하룻밤 묵고 가세요
긴 여행으로 피곤한 몸
목욕은 어떠세요
수도가 설치되어 있던 공중목욕탕
중세의 시간을 닫고 밀려나오면
부서진 잔해 속에서
미라인 채로 놓여있는 영혼들
지층 위에 도시가 유물이 되어있다

물의 도시 전설

하루에도 몇 번씩 먼 바다로 돌아나가고 싶어서 몸을 뒤척였지만 아주 오래된 일이라서 세간의 사람들은 오히려 내가 조금씩 뭍으로 올라온다고 두려워하고 있어요 나는 이제 바다로 나가는 것보다 오랜 시간을 두고 사람들 곁에서 출렁이고 싶어요 미로의 물길 누벼 물 위에 떠 있는 오래된 녹슨 성을 만나지요 아주 오래된 일이랍니다 이곳 물의 도시에서 태어난 카사노바는 평생 물을 찾아 바람으로 떠돌아 다녔지요 그가 물을 만나는 곳은 여성의 깊은 곳이었지요 여자는 몸 안에 우물을 간직하고 있었던 것을, 그에게 오래된 성문이 열렸지요 그곳에 바다가 있었어요 닫힌 문을 열고 들어가면 바다가 있고, 섬이 있고, 바다가 있는 곳에서 하루 종일 온몸으로 사랑했던 남자 출~~~~~~~~~~렁 출~~~~~~~~~~~~~~~~~~~~렁 출~~~~~~~~~~~~~~~~~~~~~~~~~~~~~~얼 ~~~~~~~~~~렁 베니스

바다에 살고 있었지요
파도 철썩 철썩이며

탑의 미소

자 다리를 건너갈까요 자칫 목도 잘릴 수 있대요
무사히 건널 수만 있다면 꿈의 나라로 들어서지요

수백 년만에 다리를 건너 온 사람들

태양열로 달구어진 얼굴들에
소나기 바람 한줄기가 스치고 있다
사면으로 조작된 얼굴들의 탑
일그러지거나 코가 뭉툭 잘리기도 하였다

한때 백성들이 우러러보았을 왕의 사원에
신의 모습으로 새겨져 있는 탑

세월이 각양각색의 얼굴로 바꾸어 놓았다
저 풍화된 부처들

목이 잘리며 건너온 다리
두 눈알이 빠진 얼굴로도
입가의 미소를 잃지 않고 있다
뭉그러진 인면 탑
지상에서 가장 아름다운 미소들이 빛나고 있다

톤레삽 물고기

황토물빛을 닮은 아이들이 호수로 흘러드는 물길 따라
우르르 달려와서 입을 벙긋거리고 있다
원 달러 원 달러
관광객이 던져주는 먹잇 감에 길들여진
구리빛 비늘을 뒤척이고 있다
물살 밑에 그늘져 있던 붕어새끼 같은 여자아이들도
쪼르르 물방울을 튕기며 달려 나온다
태양과 물과 바람이 드넓게 펼쳐진 톤레삽 호수
물고기 같은 아이들이
강줄기 사이를 파닥거리며 헤엄쳐 다니고 있다
물살을 헤치며 관광객들이 흘리고 가는
먹이를 줍고 있다
수상가옥 여기저기 허기진 눈빛들이 흔들리며
가슴 밑까지 서늘한 물소리가 들려온다
심해로 흘러들어가는 한 떼의 아이들
저 넓은 호수 속에서 천진하게 웃고 있는
야생의 푸른 물고기들

철쭉꽃 바다에 뛰어들다

산등성이를 타고 초록이 녹아내린다
발이 미끄러지고 출렁 흔들리는 아랫도리,
진분홍 꽃빛 번진다 향기가 아득하게 닿는 곳
오월이 들어서는 능선 길 따라
푸르게 번졌다가 선홍빛으로 질주해 오는 물결
위에 떠다니는 그녀 몸이 꽃바람에 열린다
그대는 야생의 작은 짐승같이
꼭꼭 숨었다가 햇살을 따라 순록을 깔아놓고
산밑까지 내달린다
때로는 바람에 밀봉되어 향기가 코끝을 스치어도
그대는 묵묵부답이다
떠다니는 구름들이 자꾸 꽃대를 흔들자
그대는 어느새 산 위로 숨차게 뛰어 올라와
온통 불덩이로 달구어지는 몸
어쩔 줄 모르다가 온 천지 산등성이에
뒤엉키고 있다.

산수유 꽃피우다

산수유 잘록한 허리에 기대
한 남자가 잠들어 있다
밤새도록 사내가 그녀를 꼭 껴안고 있다
그날 밤 별똥별이 유난히 많이 떨어졌지만
새벽도 오기 전에 별똥별을 따라 떠나간 사내
겨울 남자가 남기고 간 그 밤의 체온으로
그녀는 만삭이 되었을까
꽃샘추위가 유난하던 날
얼굴이 노란 아기가 태어났다
한줌씩 커가는 햇살을 따라
방긋방긋 웃고 있는 아기를 바라보며
그녀의 몸에도 푸르게 물이 오른다
쌍둥이들 골목 여기저기에 샛노란 똥을 싸놓으며
봄날을 환하게 비추고 있다

담쟁이

둥치에 바짝 기대어 슬금슬금 기어오르는
그 여자 곁을
숱한 남자들이 스치고 지나갔다
여자는 고개를 삐딱하게 세우고
자신을 바라보는 남자들에게 코웃음 쳤다
나는 남자를 발밑의 때만큼도 여기지 않아
저 위로 올라가면 태양보다 강렬한 남자들이
기다리고 있을 거야 남자는 뜨거워야 해
밤낮으로 위로 위로만 올라가려고
여자는 푸르른 깃발을 펄럭였다
주변의 시선은 아랑곳 없었다
남자들은 매혹의 여자도 한때라고 말하고 총총 사라졌다
여자는 푸르른 줄기를 더 기세 좋게 뻗어나갔다
더 이상 기어오를 곳이 없어 머리를 들어보니
텅 빈 허공이었다 바라보는 남자는 이미 없었다
잎들이 군데군데 검은 반점이 돋기 시작했고
머리숱이 더 적어졌다
어쩌다 마주친 가을 남자가
바람결을 흔들며 등을 내주었다
눈부신 가을 햇살 아래 여자를 끌어안고
뼈마디마저 붉게 타오르고 있는 그 남자

동백꽃

붉디붉던 그 여자
생의 가장 아름다운 불꽃으로 꽃피었을 때
이월의 밤 해풍에 몸을 싣지요
바람은 수런거리다 에돌아 나가고
바다도 오랫동안 묵묵히 바라보기만 했지요
그 여자 울컥 울컥 피를 토할 것 같은 날은
바다로 뛰어들어 수평선을 뒤집지요
어느 날 수평선을 넘어
뭍의 사내가 섬으로 들어왔어요
남자는 잎잎이 겹진
진한 선홍색 얼굴 드러내놓고 있는
동백꽃의 비명소리 들었지요
남자가 그윽한 눈빛으로 바라보았을 때
그 여자 혼자서 붉게 타오르는 몸
사내에게 들키고 말았어요

수인선
— 막차

물고기의 눈매를 닮아가는 사람들
개펄 같은 손등을 가지고
날마다 역으로 모여든다
막차로 돌아가는 할머니 빈 자배기에
비린내가 흘러넘쳐도
아무도 코를 벌름거리지 않는다
하루 내내 시달림을 전대에 담고 돌아가는 그녀
등짝이 따갑다며 염전 밭을 뛰쳐나간 딸이
목울대를 타넘고 꾸역꾸역 밀려오는 시간
협궤열차가 멈춰서는 간이역마다
곰삭은 젓갈 비린내가 밀치며 들어온다
차창 건너에는
버려진 그물들과 녹슨 폐선이 뒹굴고 있다
어느새 노을을 타고
바다로 되돌아간 수인선 협궤열차
다시는 바다 위로 올라오지 않는다

수인선
— 간이역

바다에서 올라온 협궤열차가
노을 속으로 들어가고 있다
차창 밖으로 흩날리는 붉은 꽃잎들
수평선 너머로 사라지고
어스름이 열차 안으로 밀려들고 있다
바닥에 주저앉은 사내 옆얼굴로
검붉은 노을이 지고 있다
협궤를 따라 열차가
바다의 간이역으로 들어간다
뻘을 떠나온 사내가 다리를 흔들며
달월역에서 내린다
밭은기침을 날리며
사내가 어둠 속으로 사라진다

수인선
— 염전

젊은 날들을 눅눅하게 깔아놓은 소금밭
가을 들판에서 허옇게 바래고 있다
서른아홉 그녀
남편은 실종된 지 사흘만에
소금물에 퉁퉁 불은 채 발견되었지
파도에 실족했다고
어린 남매 데리고 막막히 바라보던 썰물
남편이 남기고 간 손바닥만 한 염전에 엉겨 붙은
소금의 앙금들
말라비틀어지고 있었지
홀로 나이를 먹어도 염전 벌판
아득한 끝에 갯벌은 날마다 질펀했지
평생 서해를 떠나지 못할 그녀
소금밭이 되어가고 있다

수인선
— 소래

녹슨 철로를 빠져 나가는 협궤열차
소란스러운 소리에 침침한 눈을 뜬다
수많은 사람들을 밀치면서 나아가는 난전
다라이에 담겨 주꾸미, 낙지, 갯가재가
오글오글 거리고 있다
활어들은 먼 바다를 꿈꾸고
이리저리 떠밀리며 사람들은
땅에 발을 딛기 위해
날마다 질퍽거리는 갯벌을 껴안고 산다
포구에 고깃배 몇 척 아침의 힘을 실어 나르고
양동이 안에서 어시장이 부산하게 움직인다

별 다방 미스 리

창가에서 하루 종일 비눗방울을 불어대던
달빛 피부를 가진 별 다방 미스 리
어둠이 내리면 옛 추억 남자를
잠시 쉬었다 가지 하고 불러들인다
그에게 남은 것이라곤
몇 개의 동전과 허름한 옷소매뿐
한때 배시시 보일 듯 한 보조개를
남자에게 날릴 때
세상은 온통 별들로 빛나고 있었지
흘러가다 머무르는 사람들 틈에서
그녀 몸에서 빛나던 별들
흰 목젖 내놓고 마음껏 웃었던 날들 언제였을까
이제는 별 초롱같은 눈매가 그립다며
유성같이 나타나 매일
붉은 입술에 별 자국을 찍어가던 남자
햇빛 들이치는 곳에서만 살고 있는지도 몰라
매일 바삐 오가며
밤하늘을 올려다 본 일이 없는 사람들
이리로 오세요
내 별을 전부 드릴게요
지나가는 사람들 불러 세우는 미스 리
주름진 입가에 우수수

별들
내려앉다

용두암의 밤

그날 밤 사람들은
바다 속으로 몸 잠기기 시작했어요
바닷길에는 검푸른 계단이 나선형으로 나 있지요
용왕의 사자는 어둠 속으로
몸 잠근 채 그들을 기다리고, 천년 동안 발 담그고
그는 용궁구슬을 보기만 하여도 사람들도
용이 될 수 있다고 커다랗게 입 벌리지요
천둥번개가 치는 날에
기암에서 용이 불쑥 솟아오르고요
그날 생이 가파른 사람들이 내려간 계단
바다 밑으로 점점 사라지고
작은 바위 옆 남녀
어깨를 적시는 파도소리에
입맞춤은 더욱 달콤해
신의 노여움은 무서워 으슥한 곳에서
연인들의 입에 물고 있는 수많은 옥구슬
바다 밑으로 떨어지고
연인들은 바다 속으로 몸이 잠기기 시작하고,
해가 떠오르기 시작하자 바다로 잠긴 계단
지상 위로 올라 왔어요
그때 사람들도 바다 위로 떠오르기 시작했어요.
천년 전에도 천년 후에도 용두암 속의

용은 바다에서 입 크게 벌려 옥구슬 받아내고 있지요
눈빛은 옆으로 째지고,
으흐흐 밤이면 사내가 되고 싶지요.

봄, 천 개의 눈을 가지다

눈동자가 굴러다닌다
나무들은 땅 속으로 흐르던 제 안의 빛을
제 몸밖에 내어놓고 있다
그의 몸 수직으로 물길을 내고 있다
바람이 흔들고 간 자리마다 꽃눈이 박힌다
지난 해 무수히 떨어진 꽃잎
지하에 갇혀 안개지대를 헤매고 있었으리라 또
다른 꽃잎은
푸른 골짜기에서 한없이 가벼워지고 있었을까
바람에 멈칫거리던,
오랫동안 꿈꾸던 꽃들의 눈
겨울을 밀어내고 있다
수천 개 눈동자
거리에 눈동자 쏟아지고 있다
일제히 꽃눈은 사람들 눈 속에 박힌다
봄은 눈동자의 세계
사람들은 환하다

푸른 숲 사내

벚꽃 그늘 아래
혼자 시드는 여자가 있었지요
어느 날 여름 숲 같은 사내
펄럭이는 산그늘로 다가와
골짜기 시냇가에 마주 앉았습니다
사내는 여자의 몸속에서
슬픈 짐승들을 꺼내
숲속으로 방목 하였습니다
울음소리 아스라이 짐승들 사라지고
계곡물 노래 소리
꽃잎 활짝 틔워
숲속은 꽃향기로 가득 했어요
때때로 번개도 치고 천둥소리 요란해도
사랑의 물살 따라
여자의 몸빛도
푸르게 빛나고 있습니다

3부

항구가 수상하다

낯선 여인들의 치맛자락이 펄럭이고 있다
묶인 낚시 배들이
얼굴을 마주 대하고 있다
심해에서 파도를 일으키던 물고기가
낚시에 끌려 나오다 눈알이 충혈되었을까
좌판 위 펄떡거리는 지느러미 속에 바다가 잠겨있다
뭍에 올라온 바다
좌판 위의 바다를 흥정하는 남자를
젖은 물고기가 오랫동안 노려보고 있다
초고추장을 묻혀 물고기를 입안에 쑤셔 넣는다
순간 물고기가
제 몸속에 감추었던 낚시 바늘로 남자를 낚아챈다
남자 입안에 바늘이 걸렸다
낚인 남자는
서해 횟집으로 팔려갔다
그날 바람 부는 항구에 몰려온 여인들
서해횟집 수족관에서
아가미를 씰룩거리는 싱싱한 희귀어를 들여다보고 있다

비암사 가는 봄

복사꽃들이
위태 위태 앞가슴을 내밀고 있다
저만치 산들이 연초록 팔을 뻗어
그녀를 더듬고 있다
얼마나 긴 겨울을 보냈을까
나른하게 몸을 털고 있는 그녀
봄바람에 풍경소리 실리면
가슴 가운데로 첨벙첨벙 호수가 넓혀지고
겨우내 얼었던 몸이 열리기 시작한다
연분홍 살빛을 내보이는 그녀
부푼 앞가슴을 감출 수가 없다
봄 저녁내 길들이 부산하다.

소매물도 1

해무를 따라 올라온 안개비는
동백 숲길에서 서성거렸다
파도로 달려오다 멈춰 서는 곳
방파제 따라 가파른 언덕길에 올라서면
바람을 마주 선 집 몇 채
푸른 파장을 뒤집어 쓴 채
떠나가는 포구의 배만 바라보고 섰다
물굽이를 타고 오던 섬의 봉우리들이
안개에 휩싸여 보이지 않는다
폐교 운동장의 함성은
퍼덕거리며 물새의
날개에 묻혀 날아간지 오래되었다
붉은 동백계단 따라가며 연인들이
안개비에 젖은 머리카락을 서로 쓸어 올려주고 있었다
등대섬 아래 뒤늦게 찾아든 봄
평생 섬을 지켜온 할머니
바위의 게같이
오늘도 바다를 기어오르내리고 있다

소매물도 2

앞가슴 훤하게 드러내놓은 그녀 쪽으로
한 무리 사내들이 우르르 달려갔다
어느새 외면하고 있는 그녀 속내를 알 수 없어
속절없이 봄은 떠나가고,
철늦게 피어난 동백꽃 한 송이가
푸르게 신음하는 한 사내를
숲으로 유인하여 감춰놓은 속살을 보여준다
사라지는 사내들은 오랫동안 돌아오지 않는다
저 혼자 기다림으로 가득했던 섬
해무가 비단뱀 같이 그녀를 휘감을 때면
얼굴 붉어진 그녀는
바다에게 핏빛 키스를 하고 있다

줄광대

외줄에서 발을 뗀 새 한 마리
허공으로 날아간다
광활한 우주에서 홀로 타는 벼랑 끝
발걸음을 되돌려도
훠이 훠이 줄줄이 걸어오는 절벽
날마다 시공간을 뛰어넘으며
그 남자 허공에 발자국을 찍으며 간다
줄 위로 걸어오는 치매 걸린 어머니
평생 모은 돈 떼먹고
외줄 흔들어 대며 자살한 형님
그의 허공에 들러붙어 끼이끼이
목울대를 타고 올라오는 것들
모두 우주 밖으로 뛰쳐나가거라
바람을 가르며 날마다
공중으로 거처를 옮겨 사는 그 남자가
외줄에서 발을 떼는 순간
한 마리 새가 비상하고 있다

통복천 낮달

통복천 다리 위에 엉덩이 걸쳐 앉은 그녀
한낮의 햇볕에 고개도 들지 않고
감자 두어 소쿠리, 나물 몇 모둠,
개 복숭아 소쿠리 앞에 놓고 있다
지나가는 사람들 쳐다보지도 않고
시든 나물 잎을 갑옷 같은 손으로 떼고 뗀다
그녀의 얼룩진 시간도 떼어서 통복천으로 흘려보낸다
지나가는 사람들은 그녀 손가락에서
새 잎으로 돋아나는 나물들을 보지 못한다
그녀 눈동자도 마주친 일이 없다
뜨거운 한낮 통복천 다리 위
거북이 등 같이 자리를 틀고 앉아있는 낮달
무심히 지나가는 사람들을 바라보고 있다.

빈집

아버지 꽃상여 타고 땅거미 지는 언덕으로 떠났네
상두꾼들 이제가면 언제 오나 소리만 길게 남겨둔 채
저수지 언덕 우리 집 어스름지면 물귀신 들어온다네
내 키보다 컸던 물소리 마을은 깊은 물소리에 잠기고
여섯 살 동생과 나는 마을언덕에서 서성이네
아버지 먼 길 떠난 아버지 무서워요 집이 무서워요
물귀신이 아버지 자리에 매일
가난과 외로움의 그림자 부려놓고 가요
일 나간 엄마 돌아오기 전 저녁마다
내 목소리 메아리 되어서 가슴에 꽂히네 산이 된 아버지
엄마는 고단한 잠으로 물귀신 소리 듣지 못하네
어린 딸들의 외침에도 돌아오지 않는 아버지
상여꾼들이 떠메다 놓는 저수지 물소리만 가득 밀려들어 오네
밤새도록 잠 이루지 못하는 빈집 날마다 물속에 잠기네.

장마전선

작은 소리에도 움찔 놀라는 엄마
머리 위에 굵은 장대비가 내리고 있네
평생 동안 지붕이 새는 집에서 엄마는
비를 막아내느라 머리가 다 빠졌네
엄마는 아이들의 눈물을 받아내려
위가 부풀어 올랐네
아이들은 엄마 배는 부르다고 저희들만 아귀같이 먹었네
오랜 시간 후 아이들이 빠져나간 엄마 위는
쪼그라들고 뱃가죽도 쭈글쭈글 해졌네
산해진미의 상 차려도 쪼그라든 위장은 펴지지 않고
머리는 다시 나지 않네 얘야 지붕을 고쳤는데도
왜 이렇게 비가 새는 거지
엄마 머릿속에서 굵은 빗방울 떨어지는
소리가 쉴 새 없이 들리고
엄마 이제 우리는 배고프지 않아요
집도 새 집으로 지었잖아요
이제 햇빛이 비치는 양지로 나오세요
평생 홀로 오 남매 키워 온 엄마
마른 관절 사이로 밤새도록 비바람이 몰아치고 있네
엄마 걸을 때마다 장대비가 무릎을 타고 흘러내리네

난로

소파 한 구석에
웅크리고 있는 그녀
오랜 시간 몸이 냉각되었다
매일 수태하는 꿈을 가졌던 시절
밤마다 그녀는
빈집으로 홀로 걸어들어 갔다
창가에 몇 해 동안 눈발이 흩날리고
저녁노을 속으로 걸어가던 한 남자
길에서
얼음조각이 된 그녀를 보았다
그 남자 그녀의 차가운
몸을 손으로 덮어주었다
그녀 몸에 피돌기가 시작되었다
그의 손은
따뜻한 불길이 솟아오르고 있다.

아름다운 의자

그는 매일 의자를 내 준다
푹신한 등받이가 있는
사십대 그녀 길게 기지개 켜면서 의자에 눕는다
허리는 따라 누워도 배는 동동 뜬다
그녀를 눕힌 의자는 둥글다
몸을 동글동글 돌리고 있다
세상은 모두 둥글게 입 벌리고 있다
그녀는 매일 의자 속으로 기어들어간다
그의 마음 가운데로 눕는다
그가 밤새도록 심장을 꺼내서
둥근 의자를 만든다
의자 안에 그녀 배꼽만 떠있다
그녀의 허욕과 쓸쓸함이 누워 있는 밤
그의 양팔은 의자가 된다
의자는 그녀를 날마다
어두운 구멍에서 건져 올린다
그녀의 몸통들 의자가 된다
떠도는 마음 그에게 눕는다
의자는 매일 피붙이가 되어
그녀 몸에서 출렁인다
그와 그녀는 서로의 의자가 되어간다
그녀는 중년의 나이가 되어서
몸에 맞는 의자를 갖는다.

빨간 혀

한 남자가 골목으로 들어가네
붉은 등이 걸려 있네
오빠 여기야
빨간 혀가 날름거리며 쇼우 윈도우에서 걸어 나오네
긴 혀가 남자를 휘감네
움찔 놀라는 등 뒤로
오빠 여기라니까
형체가 없는 혀들이
순식간에 모여들기 시작하네
오랫동안 오빠를 기다렸다니까
쇼우 케이스에서 탈출한
혀들이 거리로 밀려 나오네
마스크의 행보를 따라 검은 혀들이 거리를 행진하네
정부는 판매금지 시킨 우리의 혀를 돌려 달라
지루하고 심심한 오빠들을
짜릿하게 만든 부드러운 혀들
혀는 사내들의 단물을 핥아 버리지
등줄기까지 짜릿하게 하는 혀
날은 어두워지는데
빨간 혀들이 아스팔트에 뒹굴고 있었네
혀들을 밟으며
한 남자 거리를 떠나가네

태풍의 눈이 푸른 잎에 상처를 내다

여름 태양은 언제나 태풍을 동반하고 살지
그녀의 심장도 관통할거야 오래지 않아
태풍의 눈은 뇌우가 되어서 천둥 번개를 내리치네
혼자 살지 네 년이 남자를 끌어들여 내 앞에 오다니!
아들 둘을 데리고 칠년 동안 홀로 잠을 자던 그녀
어둠 속 잠 탈출할 수 있는 기쁨 나누려
오라비 태풍의 눈 속에 앉아 있네
태풍의 눈이 노려보네
무덤 속에서 살지 네 년이 왜 푸르러 지지?
일순간 비바람에 떨어지고 있네
오라비 입에서 폭우가 쏟아지고
번득이는 눈빛에서 천둥 내리치네
손발은 번개가 되어서 주변의 나무들을 쓰러뜨리고 있네
유년시절 가족에게 술주정이 심했던 아버지의 환영
오라비에게 달라붙어 있네
그녀 심장에 달려있던 푸른 잎사귀들
방바닥으로 내쳐지고 있네 울지 않았네 그녀의
오래된 나무들이 쓰러져서 울고 있네
그녀가 지상에 떨어진 푸르른 잎사귀들을 주워
그 남자에게 달아주네
그에게서 찢어진 잎들이 펄럭이고 있네

연리지

일요일 아침
정적을 깨뜨린 전화벨 소리
교통사고로 다리가
떨리는 그의 음성
통증이 몰려오는 다리를 끌고
대학병원 응급실로 달려간다
언제 그의 다리 속에 내 다리가?
따라 들어간 것은 다리만이 아니다
한쪽 어깨 가슴 눈까지
잠 잘 때 어깨뼈를 내 주어
따뜻하게 포개주던 그의 가슴에 들어
어느새 한 뿌리가 자라났나?
병원 입구에 닿자 무성한 잎들이
바람에 나부끼며 덜거덕거린다
그는 다리가 아프다는 말을 하지 않는다
나는 잠을 설치며 상처를 다독이다가 빈집으로 돌아왔다
병원에 남겨두고 온 내 다리
나무들이 화려한 단풍을 바라보는 가을 내내
욱신거리는 통증에 오래도록 누워있다

봄날

이 강산 지천으로 꽃이 피었다
꽃향기 바람 햇살 천지사방에 나부끼면
겨울나무 같은 가죽 피부를 가진 엄마
낡은 집 한 채 버리고 새 집으로 마련한
산골짜기 봉분 바라본다
강은 탱탱하게 물살을 퍼올려 들판을 적시는데

내 눈은 흘낏 흘낏 눈부신 꽃들을 쳐다보고 있다
저기 어둡게 혼자 돌아앉아 있는 이 누구인가
나무들은 서둘러 연초록 빛깔 퍼올리고
골짜기 사이 복사꽃은 흐드러지게 피어있다

봄이 와도 꽃물이 배지 않는 아내 옆에
봄 꿈속에 앉아 졸던 남자가 혼자 히죽이며 웃는다
가슴 땡땡한 여자가 서성거리더니
요염한 그녀를 따라 나서는가 보다
봄꽃들 지천으로 피어서 내 남자 마음 홀리고 있는가

저수지의 달

그해 우리 동네 저수지에 달이 알몸으로 들어왔다 경숙 이모가 빠져 죽었다던 그날 밤, 떠오른 달빛이 수면 위로 가득했다 저수지에 달이 환하면 처녀가 죽어 나간다고 엄마는 혀를 끌끌 찼다 내 몸이 열리는 것이 두려웠다 몸에 가시달린 붉은 꽃이 처음으로 피었다 몸을 찌르는 꽃들 저수지로 달려 나가 남몰래 수면 위를 바라보았다 칠흑 같은 수면 엄마 처녀가 되는 일이 무서워요 네게 이제 눈썹달이 들어온 거란다 점점 차오르는 네 몸 안에 있는 달을 아무에게나 보여주면 안 된다 여자는 자기 몸 안에 소중한 달을 몸에 하나씩 품고 사는 거란다 가난한 집은 고향에서 처녀가 되지 못하지, 내 몸은 타향에서 만월로 차올랐다 출렁이는 아들 둘을 낳고 몸에서 달이 조금씩 기울어져간다 몸에서 빠져나간 달이 고향 저수지에로 가득 차오르자 건너 마을 처녀가 사라지기 시작했다 저수지 수면 위에서 흰 비늘을 털고 있는 무수한 달들.

폭설

백년만인가
사십 삼년만인가에 밤 사이 내린 폭설이라고
티브이 뉴스는 호들갑이다
어린시절
문고리가 쩍쩍 달라붙고 마시다 남긴
물그릇에 방안에서 살얼음 끼던 오 남매의 아침
속내의 하나 변변히 입지 못하고
동네 저수지로 뛰어나가 썰매를 지치던
그 겨울 세상은 온통 흰 눈으로 가득했었다
한낮이 되어서야
얼음 위로 구르는 은빛 햇살이
아이들의 꽁꽁 언몸을 따스하게 데워 주곤 하였다
연신 흘러나오는 누런 콧물을
헐렁한 옷소매로 닦으며 집에 돌아오면
엄마는 신 김치 숭숭 썰어 넣고
양이 많아지게 넙적 국수를 끓여 주었다
연탄도 꺼져버린 한밤에는
굶어서 배고픈 눈 사락사락 내리고
서른아홉 살부터 그렇게 홀로 키워 온
그녀의 오 남매 중
택시기사로 보일러 기름 값도 벌지 못하는 막내 딸네
손녀 셋 끼고 사는 일흔이 넘은 엄마

오늘도 그칠 줄 모르는 눈발이
가슴으로 들이치고 있다

겨울 목련나무

밤 사이 그녀의 어깨 위로
흰 눈이 쌓였어요
나는 금새 몸을 흔들어
그녀 어깨에 쌓인 눈을 가볍게 털어냈어요
이 세상에서 그대가 가질 수 있는 건
오직 흰색뿐이라며
겨울 내내 거센 눈보라와 찬바람 속에서
여린 그녀를
봄날의 눈부신 흰 빛깔을 그리워했지요
올해는 유난히 눈이 많이 내려서인지
그녀가 자주 웃어보였어요
눈송이가 온 천지를 덮어 버리면 어느새
노란색 파란 색깔의 봄을 꿈꾸고 있어요
나는 또다시 온몸을 흔들어 흰 눈을 폴폴 날려 보내요
그녀가 내 몸 안에서 하얗게 피어나기를 원하거든요
늦봄이 되도록 붉은 등 하나 달지 못하고
서 있는 이들에게 보이고 싶어
겨울 내내 거센 눈보라를 막아주며
세상에 가장 환한 그녀의 모습을 그려 보지요.

4부

곰소항

바다에서
막 건져 올린
푸르른 열일곱 살

시집 온 그해부터
오 남매 줄줄이 낳아놓았는데

남편 잡아 묵었다고
청상과부라고
그녀 심장에 대고 삿대질 하던 손가락들
시퍼렇게 날이 서 있는 세상의 눈빛 속에

배곯고 커가는 오 남매
꾸역꾸역 목울대를 타고 오는 슬픈 것들
그녀의 가슴에 피딱지로 모여 있던 상처

소금을 뿌리고 뿌려서
오래 묵히고 삭혀서
곰삭고 있던

평생 동안 절여진
열일곱 살 그녀,
곰소항에 누워있다

거미여자

그 방은 거미줄로 지어져 있다
거미줄을 탄 여자는 오랫동안 고열이 난다
방문에 걸린 거미줄을 보고 놀라서 돌아 간
남자가 지금도 눈에 선하다
발걸음 소리조차 들리지 않는 오후
흰 애벌레 같은 밥알을 혼자서 씹는 여자
낮에도 전등 빛이 희미한 방안을
기어 다니며 걸레질하는 여자
몸속에서 솟아 나오는 검은 망에는
남자는 좀처럼 걸려들지 않는다
두 다리를 옭아맨 거미줄을 가끔씩 걷어내 주러오는
이웃 할머니도 기어서 다가간다
그 남자는 어디쯤에서
금빛 실오라기에 걸려서 퍼덕거리고 있을까
창가에서 놀던 햇살이 거미줄에 걸린 삶을 들여다본다
한 순간 문 밖에서 소리가 들려온다
여자는 재빠르게 천장으로 기어 올라간다

따스한 집

밖에는 찬바람이 불었지
먹구름이 몰려오고 비가 내리고 있네
외투도 걸치지 않고 내 몸은
빈집으로 서서 그대를 기다리고 있네
아무도 들어오지 않는 빈집
나는 홀로 늙어가고 있지
길옆 고양이 눈으로 지나가는 열아홉 살 처녀,
나이가 지루하군 하루 빨리 나이 들어
매일 달콤한 키스를 해주는 남자를 기다리지
나도 한때는 열아홉이었네
꿈은 하루아침에 늙어버리지
문 앞에서 서성이고 있네
밖에는 빛나는 불빛들 불빛이 새어나오는
따스한 집들을 문 밖에서 바라보고 있네
빈집은 늙지 않으려 따스한 집 한 채로
걸어오시는 당신
오랫동안 먼 곳의 불빛으로만 바라보고 있네

그녀 몸 안에 바다가 있다

그해 사월에 바다는 마른 갯벌 같은 그녀의 몸 안으로 들어왔다 오랫동안 썰물 진 바닷가 모래 등성이같이 서걱서걱해진 그녀 몸 안에 푸르른 바다가 스며들기 시작했다 풀잎이 무성해지고 숲이 울창해지자 그녀 몸 구석구석까지 바다가 출렁거렸다 청명한 하늘과 해의 붉은 기운으로 그녀의 몸 밖으로 바다가 흘러 넘쳤다 사람들은 그녀에게서 넘치는 해풍냄새며 산호초며 말미잘 같은 것을 보기도 하였다 그녀가 걸어 다니는 거리에는 먼 바다에서나 볼 수 있는 고래가 펄떡이며 힘찬 지느러미가 달린 물고기가 뛰어 오르기도 했다 아이들은 손을 흔들며 상어를 봤다고 소리쳤다 사람들은 섬 같은 그녀가 푸르른 바다를 이끌고 다닌다고 신기해하였다 바다인 그녀, 바다는 지금 싱싱한 알을 슬고 있는 중이다.

안성천 지나며

저녁안개는
긴 목을 쳐들고
혼자 물소리를 내던 물가에
몸을 풀었다

붉은 부리 갈매기, 청둥오리
저희들 몸 담그고
거친 울음소리 서해바다로
흘려보내고 있구나

겨울비로
낡은 꿈 무성했던 갈대밭
오랫동안 바람만 넘나들던
안성천으로 모여드는
하얀 속살의 안개

모래톱 위에 새들의 발자국 빛나고
사랑은 물에서 만나는 것을
사람의 마을에서
오랫동안 보지 못했지

저물 무렵 국도변을 달리며

안성천 맑은 물에 젖은 나는
가슴에 따뜻한 불 하나 켜들고
집으로 돌아갔네

묵호

행락객 따귀를 철썩 올려 때리는 파도
파도가 노래방으로 몰려간다
돔 광어 우럭 아귀 방어
손님 어느 바다로 들어가시겠어요
방마다 물고기들 지느러미를 흔들며
아가미를 크게 벌리고 노래한다
물미역 파래 흐느적이는 사이로
한 떼의 물고기들이 빠져 나간다

새벽시장
박 선주한테 오징어를 배 채로 가로챈
불 여시 같은 년 그 여편네에게
악다구니를 쏘아대던 김씨 아주머니
아무래도 성에 차지 않은지
허리춤 질끈 동여매며 또 삿대질이다
누런 이빨을 내보이는 아귀 닮은 그녀
입에서 파도가 거세게 철썩인다
목구멍에서 물고기들이 쏟아진다

묵호로 올라온 바다가 하루 종일 시끌벅적하다

1호실 남자 4호실 여자

부음소식을 듣자마자 칼바람같이 부산으로
달려갔다 지하도를 건너 장례식장에 도착하니
그 말고도 몇 채 육신의 집들 칸칸하다
몇 호실에서 그를 찾아야 하는 걸까
이승을 건너려고 안내 대에 늘어선 사진들을 둘러본다
쭈글한 사진들 속에 눈을 뎅그러니 뜨고 있는 4호실 여자
얼굴에 표정 하나 없이 세상 숨을 다 삼키고 있다
그 문간에 어린아이들이 놀고 있다
컴컴한 복도를 지나 1호실에 들어서니
온통 주름투성이의 허름한 집
상주는 웃음을 문상객들 몰래
가볍게 들어 천상의 집에 올려놓는다
1호실 그 남자
하늘의 집에 지금쯤 도착하셨는가
아버지가 한없이 가볍다 연신
조문객 소매를 붙들고 웃는 상주를 지나
깊은 동굴 사막 같은 곳
4호실 여자의 집 앞에 선다
젊은 여자의 몸은 무겁다
파랗게 질린 상주가
무거워진 아내를 천상의 집으로 옮기지 못하고 있다
슬픔이 집 가득 배어들고

푸른 몸속으로 달이 차오르네

포구에서 굴을 까서 팔던 아낙은 시린 손을 부비며
갯벌을 함지에 이고 떠났네 물새들은 하루 종일
헛 그물질 하던 어부의 투망을 쪼고
갯벌에 뒹구는 폐선으로 차오르던 바다

밤이면 그녀의 몸속으로 들어오네
지친 어깨를 밤새도록 수평선만큼 넓히면
아이들의 날개가 되어주는 바다
바다로 훨훨 날아 갈 수 있을 거야
혼자의 잠으로 중얼거리며

푸른 몸속으로 달이 차오르네
사랑하는 사람은 먼 곳에 있고 달을 혼자 삼키는 그녀
수평선을 넓히며 밤새도록
파도를 이끌고 다닌다네
파도를 이끌고 다닌다네.

만선의 달

밤바다에서 달빛을 건져내는 어부 한 사람 있네
이슥하도록 닻도 내리지 않고
바다에 몸 풀고 있는 달을 건져 올리네
꿈틀거리는 달이 새어 나가지 않게
노를 저어 그물을 당기네

달빛비늘 광채를 따라 물살 튀는 바다
바다는 달이 피워낸 흰 비늘로 가득 하네
꿈틀거리는 바다로 자주 돛을 올리는 어부

달빛이 온몸을 휘감는 밤에
어부는 그물을 던져 달의 살을 끌어당기네
만선인 흰 달.

꽃피는 바다

어부의 집에 세 들어 사는 여자
작은 창가에
하얀 갈기를 세우는 검푸른 바다를 펼쳐 놓는다
파도가 짐승의 울음소리 내는 것을 듣고 있다

여자의 몸속에는 출렁이는 물결이 있다
어부가 그녀의 심해에서 건져 올리는 푸르른 해초
펄떡이는 물고기들이 만선으로 차올랐다

여자의 몸 안에서 꽃피는 바다
꽃송이들
파도에 뛰어들어 사라지고 있다

항구에는 어느새 빨간 등대가 세워지고
어부는 수평선 너머로 물고기를 잡으러간다

흰 포말 속으로 모두 낙하하고 있는
붉은 꽃들
여자의 자궁은 수평선 쪽으로 썰물지고 있다

각시 탈

얼굴로 공중에 떠있는 노인

한 평 땅이 없어
등짝에 붙은 아이들의 배
쌀밥 고봉으로 퍼주고 싶은 날들에도
남의 집 품삯일 뒤에도 평생 가난만
선반 위 시름으로 얹어놓는다

굶주린 들고양이 소란할 때
술 취한 남정네 음흉한 눈길 던질 때
젊음이 부끄러웠던 과수댁 시절도
눈물 속으로 감추고

한 평의 땅이라도
황금빛 낟알들이 쏟아져 나오는 내 땅에서
덩실덩실 춤을 추며 들판 가로지르는 꿈

열꽃으로 피어오르던 젊은 몸 간데없고
퀭한 눈만 내놓고 세상을 바라보는 노모
주름진 얼굴이 공중에 매달려 있다

나무사원

나무는 오래전부터 돌기둥 속으로 뿌리내리기 시작했다
거대한 뿌리를 박고 마침내 사원이 되었다

오래전
나라의 힘 센 군주가 있어서
민중들의 피를 모아
돌기둥을 세웠지 부처가 하늘에 닿았다네
나무들은 매일 매일 밑둥이 잘려나갔다지
부처의 이마에 박히는 보석이 늘어날수록
사람들의 눈알이 자꾸자꾸 빠져나갔다

탑 아래에서 천년을 뿌리 잘린 나무가
사원의 돌기둥을 넘어뜨리고 있다
빛도 들지 않는 무너진 성터의 깨어진
불상 앞에서 몇몇이 향을 피우고 있다
석탑을 쌓다 스러져간
남자들의 환생일까 검은 피부의 여인 앞에
표정도 없이 바라보는 어린아이

돌기둥에 빛나던 보석들은 자취도 없이 사라지고
영양실조인 아이의 눈빛만 퀭하게 반짝거리고 있다.

소사*들녘 노을

그 여자 황금빛 비늘을 달고
빨간 지느러미를 흔들며
한 남자의 가슴으로 넘실넘실 파도쳐오네

그 남자 눈동자 흔들리는 것은
그 여자 뒷모습이 순식간에
어스름 속으로 잠기기 때문이라네

노을을 밟고 떠났던 그 여자
아침이면 사람들 가슴에
금싸라기 해를 하나씩 품어주네

서해를 헤엄쳐 가는 그 여자
환희에 떨며 항해를 하네

가을이면 소사들녘에도 무수한 해를 낳는 여자
온몸 가득 붉은 사랑을 품고 가네

* 경기도 평택시에 위치한 들판.

6월, 넝쿨장미

푸르른 가시 속 봄밤 내 저물던 시간들,
허리 길게 출렁이며
그대 온몸으로 깊은 샘 끌어올리자
바람은 부드럽고 햇빛은 정갈하네
꽃은 그리움 넝쿨째 내어 놓네
오랫동안 수런대며 태어나지 않던 꽃들
세상의 아득한 곳에 서 있었던 적도 있었으리라.
깊은 수면 속으로 헤엄치며
힘찬 지느러미가 달린 그대
맑은 눈빛을 따라 가면
수많은 꽃잎들
넝쿨을 타고 하늘로 올라올라
세상은 온통 붉은 지느러미 출렁이며 흩어지네
푸르른 바다 속 셀 수 없는 꽃들이 만발하다

눈 오는 날

폭설이 내린 날 아침 일당을 공치고
행복약국 앞에서 서성거리는 정씨
옛날 옛적이나 하늘에서 쏟아지는 눈이 쌀밥이었으면 했지
제기랄 디지털시대라고 떠들어대면 뭔 소용이래여
여편네가 발광할 텐데 말이여
정씨가 꽁초를 입에 물고 행복약국 쇼윈도우
전광판을 들여다본다
행복하지 않은 사람들은 오세요
모두 이 약 한 알을 복용하시면 행복해진답니다
겨울에만 나오는 명약, 눈이 내리지 않습니까
연인들은 달콤 쌉싸름한 데이트를
당신은 첫사랑의 추억을 단번에 떠올릴 수 있답니다
오늘은 근사한 그녀와 얼음 솜사탕을
어때요 미끄러지듯이 오세요
오늘은 바퀴가 제대로 작동하지 못하니
당신은 미끄러지듯이 오세요
염병할 눈.
정씨가 행복약국전광판에다 가래침을 탁 뱉는다

역전전당포

스무 살의 나, 젊음이 너무 뜨거워 역전전당포로 찾아 갔네
날마다 불덩이가 몸속에서 치솟아 올랐네
아무도 내가 화상 입는 것을 모르고 있어요
공부도 못하던 것들 대학가서 미팅한다고
나비처럼 날아다닐 때
혼자 앓고 있는 스무 살 저당 잡아 주실래요
스무 살이 너무 무거워 청춘이 너무 어두워 견딜 수가 없어요
전당포 영감은 돋보기를 꺼내들고
내 몸 구석구석을 살펴보았네
값어치는 얼마 안 되지만 맡겨 놓고 가봐 언제 찾아 갈 건데
내 스무 살이 전당포에 맡겨졌네 젊음이 저당 잡혔네
전당포를 나선 나는 이십대의 오십대
아줌마의 전선으로 기차를 타고 떠났네
칠십대 할머니처럼
죽음과 마주하려고 이승 저승을 여행하고 있었네
마흔을 넘기고서야 역전전당포로 돌아오는 기차를 탔네
역전전당포에는 돋보기로 내 나이를 살펴보던 영감대신
청년이 앉아있네 할아버지 어디 가셨지요?
무슨 소리야 내가 수십 년 여기 지키고 있었어
맡겨놓은 내 스무 살 찾으러 왔어요
그때 그 청춘 찾아가고 싶어요
오래 전에 유효기간이 끝났어 찾아가지 않아 내가 가졌어

나는 젊음만 저당 잡았거든 영원히 늙지 않는 역전전당포
내 젊음 다시는 찾지 못하네
내상 깊은 스무 살 청춘은 간 곳이 없네
세월이 흘러도 변하지 않는 역전전당포만 남아있네

덩굴장미

바람에 꽃의 신음소리가 담벼락을 넘어간다
선글라스를 끼고 들여다보면
빨간 립스틱을 칠한 입술을 벌리며
치마를 벗어놓고 벌렁 누워있는 꽃들
다리는 높게 올리고 꽃술은 다 드러내놓고 있다
몸 안에서 요동치는 욕망을 꺼내서 길가로 내 던진다
문을 활짝 열어 놓은 꽃들
눈 먼 나비들이 꽃 속으로 들어가고 있다
가시덩굴에 휘감겼던 나비들이
꽃의 몸속에서 빠져나오고 있다
푸른 허리를 곧추세워 일렁거리는 꽃물결
다리 아래에 푸른 분비물이 흘러내린다
거리에 치명의 독이 퍼지고 있다

해설

근원적 욕망과 어긋남의 시간여행

박남희 시인 · 문학평론가

근원적 욕망과 어긋남의 시간여행

박남희 시인 · 문학평론가

태초부터 인류의 조상 아담과 하와의 타락과 실낙원으로 시작된 인간의 삶의 여정은 주변환경이 변화하고 삶의 패러다임이 다양하게 바뀐 현대에 이르기까지 변하지 않는 근원적 본성에 뿌리를 두고 있다. 그것을 간단하게 요약해서 말한다면 '근원적 욕망과 어긋남의 시간여행'이라고 이름붙일 수 있다. 인간의 삶은 의식주와 같은 생리적 욕구를 포함한 부단한 욕구의 산출과 충족의 과정이라고 말할 수 있다. 인간의 욕망은 모든 생명체가 지니고 있는 기본적인 삶의 요건 중의 하나이기 때문에 인간은 욕망의 인드라망으로부터 쉽게 자유로울 수가 없다. 인간의 내부에는 저마다 욕망의 지도가 하나씩 있다. 인간은 그 욕망의 지도를 따라 시간 여행을 시작한다. 하지만 그 지도는 만능지도가 아니기 때문에 인간을 평안하고 행복한 길로 인도할 줄을 모른다. 그 지도를 자세히 살펴보면 이미 수많은 미로가 그려져 있다. 인간의 삶의 여행이 필연적으로 미궁에 빠지게 되고 어긋날 수밖에 없는 소이가 여기에 있다.

김영자 시인의 시를 읽어나가다 보면 수많은 욕망의 아이콘과 만나게 된다. 그가 살아가는 공간에는 무수한 모서리가 있어서 그를 어둠에 가두기도 하고, 종종 어긋난 삶으로 인도하기도 한다. 여기서의 모서리는 욕망의 모서리라고 말할 수 있는데, 인간은 이 욕망의 사각지대에 갇혀 쉽게 빠져나오지 못한다.

모서리들이 길을 감추고 있다. 구석진 자리에 웅크려도 사각의 무늬들은 나를 깊은 구석으로 밀어 넣는다. 무수한 모서리 속에 점점 작아져서 나는 보이지 않게 되었다.

베니어판 천장을 살찐 쥐가 사각사각 갉아먹고 있다. 어둠이 내린 들 품을 파는 홀어머니를 늦게까지 기다리다 잠이 든다. 사각의 천장은 꿈결에도 내게 자꾸만 달려든다.

어둠을 갉아먹어 몸집이 커진 쥐가 나를 노려본다. 술 취한 아버지가 사각 속에서 비틀거리며 걸어 나온다. 구석진 모서리가 나를 감춘다.

뚱뚱해진 쥐는 나를 보지 못한다. 아버지도 나를 보지 못한다. 나도 나를 보지 못한다.

—「사각에 갇히다」 전문

이 시는 흡사 시인의 내면에 숨겨져 있는 어둑한 욕망의 모서리를 우리에게 보여주는 듯하다. 이러한 욕망의 모서리는 인간의 내부에도 있고 외부에도 있다. 1연의 '사각의 무늬'는 욕망의 무늬라고 말할 수 있다. 이러한 욕망의 무늬는 화자를 자꾸만 깊은 구석으로 몰아넣는다. 그렇기 때문에 화자가 나아가려는 삶의 길이 보이지 않게 되고 "무수한 모서리 속에 점점 작아져서" 끝내는 자신의 존재마저 보이지 않게 된다. 시인은 이러한 욕망을 '베니어판 천장을 갉아먹는 살찐 쥐'로 표현하고 있다. 이 시에서 '살찐 쥐'나 "사각 속에서 비틀거리며 걸어나오"는 '술 취한 아버지'는 화자 자신을 포함한 대표적인 욕망의 캘릭터들이다. 욕망의 모서리에 갇힌 자아는 타자를 보지 못하고 급기야는 자신까지도 보지 못하게 된다. 여기에서부터 결핍된 자아로서의 존재론적 방황이 시작되는 것이다.

태양을 송두리째 삼킨 사과를 보며 어린 나는 늘 눈이 부셨다
땅 한 평 없는 울 엄마 집은 사과 볕이 들지 않았다
사과 볕은 친구네 과수원에서만 찬란하게 빛났다

사과 몸속에 들어있는 해를
내 가슴에 자꾸 밀어 넣고 싶었다
과수원 길을 숱하게 지나다니면서도
나는 해의 몸을 딸 수가 없었다

오늘은 영주 가는 길
소백산맥의 부드러운 바람을 마주하며
가지 끝에 주렁주렁 열린 해를 본다
가을을 온통 담은 사과 볕
어느새
내 몸이 빨갛게 익고 있다

—「영주 가는 길에」 전문

이 시는 마치 창세기의 아담과 하와가 에덴의 중앙에 탐스럽게 열린 선악과를 탐하고 있는 장면을 연상시켜준다. 유년 시절의 화자는 영주 가는 길에 "태양을 송두리째 삼킨 사과"를 보면서 그것을 욕망하게 된다. 이 시에서 시인은 "사과 몸 속에 들어있는 해를/ 내 가슴에 자꾸 밀어넣고 싶었다"고 진술하고 있는데, 이러한 표현은 화자가 단지 사과라는 과일을 먹고 싶다는 차원을 넘어서, 사과 내부에 숨겨져 있는 또 다른 가치인 '해'에 초점을 맞추고 있다. 여기서의 '해'는 시인이 가지고 싶어하는 '열정'과 연관된 것으로 인간적으로는 '사랑'을, 문학적으로는'시'를 암시하고 있다고 생각된다.

김영자 시인의 시를 읽다보면 도처에 사랑에 대한 열망이 감지된다. 그의 사랑에 대한 관심은 시간적으로는 중세시대로부터, 공간적으로는 이탈리아의 베니스에 이르기도 한다. 시인의「역전전당포」라는 시를 읽어보면, "스무살의 나, 젊음이 너무 뜨거워 역전전당포로 찾아갔네/ 날마다 불덩이가 몸속에서 치솟아 올랐네"라는 구절이 있는데, 이 시에서 우리는 시인이 "혼자서 앓고 있는 스무살"이 얼마나 견디기 힘들었는지 짐작해볼 수 있다. 시인이 젊음을 저당 잡히고 끝내 다시 찾지 못했던 '역전전당포'는 인생의 제유라고 말할 수 있다.

하루에도 몇 번씩 먼 바다로 돌아나가고 싶어서 몸을 뒤척였지만 아주 오래된 일이라서 세간의 사람들은 오히려 내가 조금씩 뭍으로 올라온다고 두려워하고 있어요 나는 이제 바다로 나가는 것보다 오랜 시간을 두고 사람들 곁에서 출렁이고 싶어요 미로의 물길 누벼 물 위에 떠 있는 오래된 녹슨 성을 만나지요 아주 오래된 일이랍니다 이곳 물의 도시에서 태어난 카사노바는 평생 물을 찾아 바람으로 떠돌아 다녔지요 그가 물을 만나는 곳은 여성의 깊은 곳이었지요 여자는 몸 안에 우물을 간직하고 있었던 것을, 그에게 오래된 성문이 열렸지요 그곳에 바다가 있었어요 닫힌 문을 열고 들어가면 바다가 있고, 섬이 있고, 바다가 있는 곳에서 하루 종일 온몸으로 사랑했던 남자 출~~~~~~~~~렁 출~~~~~~~~~~~~~~~~렁 출~~~~~~~~~~~~~~~~~~~~~~~~얼~~~~~~~~~렁 베니스

바다에 살고 있었지요
파도 철썩 철썩이며
—「물의 도시 전설」 전문

제목을 참고해보면 이 시의 화자는 물이라고 볼 수 있는데, 물은 생명의 근원이라는 점에서 "여성의 깊은 곳(자궁)"의 물과 필연적인 연관성을 지닌다. 그리스 신화에 나오는 포세이돈이나 주몽설화에 나오는 하백, 이집트의 눈Nun이나 힌두교의 바루나Varuna는 모두 물과 관계된 신들인데, 각 나라마다 물의 신이 존재하는 것은 물이 생명과 매우 밀접한 연관성을 지닌 물질이기 때문이다. 위의 인용 시에서 시인은 욕망의 원형으로서의 물을 묘사하면서 그 물이 궁극적으로는 여성의 몸과 연관되어 있음을 보여준다. 바람둥이로 유명한 카사노바가 살던 곳이 공교롭게도 이탈리아에서 유명한 물의 도시인 베니스라는 것은 시사하는 바가 크다. 위의 시에 따르면 물의 도시는 여성의 자궁과 연관되어 있고 여성의 자궁은 카사노바와 연

관되어서, 물의 최종 종착지가 남녀 간의 사랑임을 말해준다.

김영자 시인의 시에 '바다'이미지가 많이 나오고 '사랑'이 주제나 소재로 사용된 시가 많은 것은 우연이 아니다. 허리 잘룩한 여성을 표상하는 산수유에 기대서 잠든 남자의 사랑을 그린 「산수유 꽃피우다」와 도도한 여자를 표상하는 '담쟁이'를 우화적으로 그려놓은 「담쟁이」, 초록의 열기 그득한 오월의 봄바람에 제 몸을 열어 꽃피우는 철쭉꽃을 성적인 상상력으로 묘사하고 있는 「철쭉꽃 바다에 뛰어들다」 등의 시가 여기에 해당된다. 특히 그녀의 시 도처에서 보이는 성적인 상상력은 시인이 가지고 있는 근원적인 열정이 남녀 간의 성에 뿌리를 두고 있다는 것을 말해준다.

붉디붉던 그 여자
생의 가장 아름다운 불꽃으로 꽃피었을 때
이월의 밤 해풍에 몸을 싣지요
바람은 수런거리다 에돌아 나가고
바다도 오랫동안 묵묵히 바라보기만 했지요
그 여자 울컥 울컥 피를 토할 것 같은 날은
바다로 뛰어들어 수평선을 뒤집지요
어느 날 수평선을 넘어
뭍의 사내가 섬으로 들어왔어요
남자는 잎잎이 겹진
진한 선홍색 얼굴 드러내놓고 있는
동백꽃의 비명소리 들었지요
남자가 그윽한 눈빛으로 바라보았을 때
그 여자 혼자서 붉게 타오르는 몸

사내에게 들키고 말았어요

—「동백꽃」 전문

이 시에서 '동백꽃'으로 표상된 '그 여자'는 주체할 수 없는 열정을 어찌할 수 없었던 젊은 날의 시적 화자를 상징한다. 이 시에서 "붉디붉던 그 여자"는 "생의 가장 아름다운 불꽃으로 꽃피었을"때 해풍에 몸을 싣고,"울컥울컥 피를 토할 것 같은 날은/ 바다로 뛰어들어 수평선을 뒤집"는다. 이처럼 화자는 자신의 내면의 열정을 '바다'와 연관시켜서 표현한다. 물 이미지의 가장 대표적인 표상인 '바다'는 사랑과 열정의 근원지이면서 그것들이 궁극적으로 도달해야 할 종착점이기도 하다. 정지용의 초기 시편에 '바다'이미지가 많이 등장하는 것이나 최남선의 「해에게서 소년에게」에 나타나 있는 바다의 역동성은 모두 시인의 젊음이나 열정과 무관하지 않다. 이 뿐 아니라 우리나라 고대가요 「공무도하가」에 나오는 백수광부와 그의 아내가 물에 빠져 죽는 장면 역시 사랑이나 열정을 빼놓고 이해하기가 어렵다. 이처럼 물은 태고부터 사랑(열정)과 죽음의 중심 이미지로서 수많은 시인들의 시적 소재가 되어왔다. 위의 시에서 화자가 피를 토할 것 같은 열정을 주체할 수 없는 날, 바다로 뛰어들어 수평선을 뒤집는 행위를 하는 것은 화자 자신의 내면에서 불타오르는 불을 끄는 의미와 더불어 '뭍의 사내'를 유인하는 상징적 행위로 해석된다. 평소에 저 혼자서 타오르던 여자의 몸은 남자를 만남으로써 평정을 되찾게 되는 것이다.

그해 사월에 바다는 마른 갯벌 같은 그녀의 몸 안으로 들어왔다 오랫동안 썰물 진 바닷가 모래 등성이같이 서걱서걱해진 그녀 몸 안에 푸르른 바다가 스며들기 시작했다 풀잎이 무성해지고 숲이 울창해지자 그녀 몸 구석구석까지 바다가 출렁거렸다 청명한 하늘과 해의 붉은 기운으로 그녀의 몸 밖으로 바다가 흘러 넘쳤다 사람들은 그녀에게서 넘치는 해풍냄새며 산호초며 말미잘 같은 것을 보기도 하였다 그녀가 걸어 다니는 거리에는 먼 바다에서나 볼 수 있는 고래가 펄떡이며 힘찬 지느러미가 달린 물고기가 뛰어 오르기도 했다 아이들은 손을 흔들며 상어를 봤다고 소리쳤다 사람들은 섬 같은 그녀가 푸르른 바다를 이끌고 다닌다고 신기해하였다 바다인 그녀, 바다는 지금 싱싱한 알을 슬고 있는 중이다.

—「그녀의 몸 안에 바다가 있다」 전문

김영자 시인의 시에 '바다'이미지가 많은 것은 이 시를 읽어보면 그 이유가 분명해진다. 이 시에서 '바다'는 그녀의 몸 안으로 들어와서 그녀가 된다. 그녀는 바다가 됨으로써 푸르른 바다가 지니고 있던 수많은 기질을 자신의 것으로 만든다. 그동안 마른 갯벌 같던 그녀의 몸은 바다가 출렁거리는 열정적인 몸이 된 것이다. 한 해의 '사월'은 인생으로 말하면 청춘 시절을 뜻한다. 이렇듯 바다를 몸에 들인 청춘은 "고래가 펄떡이며 힘찬 지느러미가 달린 물고기가 뛰어오르"는 열정을 지니게 된 것이다. 그런데 이 시를 잘 음미해보면 일종의 메타시로 읽히는 묘미가 있다. 자신의 몸에 바다를 들인 그녀는 어쩌면 시인을 상징하는 것처럼 보인다. 따라서 이 시의 말미에 "싱싱한 알을 슬고 있는" 바다인 그녀는 시를 잉태한 시인의 은유로도 읽힌다.

김영자의 시에서 '바다'이미지와 더불어 가장 빈번히 나타나는 중요한 이미지는 '달'이다. 그의 시에서 '달'은 '물'이미지와 밀접한 연관성을 지니고 나타난다는 점에서 주목을 요한다. 달의 이미지가 등장하는 그의 시 「저수지의 달」, 「만선의 달」, 「푸른 몸속으로 달이 차오르네」 등에는 한결같이 '물'이미지가 따라온다. 이렇듯 그의 시에 '달'과 '물'의 이미지가 밀접한 연관성을 띠고 나타나는 것은 우연이 아니다.

> 그해 우리 동네 저수지에 달이 알몸으로 들어왔다 경숙 이모가 빠져 죽었다던 그날 밤, 떠오른 달빛이 수면 위로 가득했다 저수지에 달이 환하면 처녀가 죽어 나간다고 엄마는 혀를 끌끌 찼다 내 몸이 열리는 것이 두려웠다 몸에 가시달린 붉은 꽃이 처음으로 피었다 몸을 찌르는 꽃들 저수지로 달려 나가 남몰래 수면 위를 바라보았다 칠흑 같은 수면 엄마 처녀가 되는 일이 무서워요 네게 이제 눈썹달이 들어 온 거란다 점점 차오르는 네 몸 안에 있는 달을 아무에게나 보여주면 안 된다 여자는 자기 몸 안에 소중한 달을 몸에 하나씩 품고 사는 거란다 가난한 집은 고향에서 처녀가 되지 못하지, 내 몸은 타향에서 만월로 차올랐다 출렁이는 아들 둘을 낳고 몸에서 달이 조금씩 기울어져간다 몸에서 빠져나간 달이 고향 저수지에로 가득 차오르자 건너 마을 처녀가 사라지기 시작했다 저수지 수면 위에서 흰 비늘을 털고 있는 무수한 달들.
>
> —「저수지의 달」 전문

이 시를 읽고 있노라면 마치 삶과 죽음이 공존하는 인도의 겐지스 강의 풍경을 보는 듯 하다. 강이 흐르는 물이라면 저수지는 갇힌 물이다. 갇힌 물은 여성적 억압의 상징성을 띠고 있어서 한국의 전통적 여성의 정서를 보다 잘 드러내 보여주는 물이다. 이 시에서 저수지는 달이 알몸으로 들어온 물이라는 점에서 성적인 의미를 지니고 있다. "저수지에 달이 환하면 처녀가 죽어 나간다"는 어머니의 걱정은 삶과 죽음을 포괄하고 있는 사랑의 지독한 아이러니를 암시해준다. 화자가 "내 몸이 열리는 것이 두려웠다"는 진술을 하고 있는 것도 이러한 사랑의 이중적인 속성과 무관하지 않다. 화자는 몸에 가시 달린 붉은 꽃, 즉 월경이 시작됨으로써 처녀가 된다. 쳐녀의 엄마는 "점점 차오르는 네 몸 안에 있는 달을 아무에게나 보여주면 안 된다"는 당부를 한다. 하지만 처녀의 달은 어머니가 있는 고향을 피해 타향에서 만월로 차오른다. 이러한 과정은 금기와 위반이라는 여성적 본능에 맥락이 닿아있다. "저수지 수면 위에서 흰 비늘을 털고 있는 무수한 달들"은 이러한 여성의 존재성을 드러내는 기표들이다.

이처럼 여성의 내면에 자리잡고 있는 금기 위반의 본능은 쉽게 행동으로 나타나기 어렵다는 점에서 이율배반적이다. 그의 또 다른 시 「푸른 몸속으로 달이 차오르네」를 보면, 밤이면 달이 "갯벌에 뒹구는 폐선으로 차오르던 바다"인 "포구에서 굴을 까서 팔던 아낙"의 몸속으로 들어온다. 그녀의 푸른 몸속으로 달이 차오르지만 그녀는 사랑하는 사람을 먼 곳에 두고 혼자 달을 삼킬 수밖에 없다. 이러한 한계 상황 속에서도 그녀의 달은 "수평선을 넓히며/ 밤새도록 파도를 이끌고 다닌다"는 점에서 애처로움을 더한다.

밤바다에서 달빛을 건져내는 어부 한 사람 있네

이슥하도록 닻도 내리지 않고
바다에 몸 풀고 있는 달을 건져 올리네
꿈틀거리는 달이 새어 나가지 않게
노를 저어 그물을 당기네

달빛비늘 광채를 따라 물살 튀는 바다
바다는 달이 피워낸 흰 비늘로 가득 하네
꿈틀거리는 바다로 자주 돛을 올리는 어부

달빛이 온몸을 휘감는 밤에
어부는 그물을 던져 달의 살을 끌어당기네
만선인 흰 달.

—「만선의 달」 전문

이 시에 등장하는 어부는 고기를 잡는 어부가 아니라 '달빛을 건져내는 어부'라는 점에서 일상적인 의미를 넘어선 존재이다. 여기서 어부가 달빛을 건져내는 행위는 남녀가 육체적으로 사랑을 하는 행위의 비유로 읽힌다. 사랑의 주체인 어부는 '바다에 몸을 풀고 있는 달'을 건져올려 "꿈틀거리는 달이 새어 나가지 않게/ 노를 저어 그물을 당"긴다. 그리하여 "바다는 달이 피워낸 흰 비늘로 가득"차게 된다. 아마도 이러한 풍경은 여성 화자인 시인이 꿈꾸는 궁극적인 사랑의 풍경일 것이다. 그런 점에서 '만선인 흰 달'은 시인 자신이 꿈꾸는 이상적인 사랑의 전형이라고 말할 수 있다.

하지만 이처럼 충일한 사랑은 단지 꿈속에서나 가능한 일일 뿐 쉽게 이루어지지 않는다. 그의 시에는 주민등록증이 나온 다음날 가출을 해서 떠나버리는 외국에서 온 아내나(「가을 저녁」), 탑골공원을 빙빙돌며 늙은이를 유혹하는 색소폰 부는 여자(「색소폰 부는 여자」)처럼 비정상적인 여성이 자주 등장한다. 이러한 여성들은 여성인 시인에게 있어서 일정한 정서적 동일성을 보여주는 인물들이라는 점에서 간과할 수 없는 존재들이다. 이러한 여성들은 비록 시인이 추구하는 여성상과는 거리가 있지만 억압을 벗어나기 위해 금기를 위반하는 행위는 시인의 자유를 향한 무의식과 맞닿아 있다.

날마다 어둠을 뚫는 그녀를 말리느라
홀어머니 방패 같은 손등은 상처투성이다
이웃집 처녀들 분홍빛 브라우스를 입고
푸른 들판을 나풀거릴 때
그녀 홀로 깊은 늪 속에서 외친다
엄마 집을 벗어나고 싶어요
그럴수록 뿌리는 진흙탕에 점점 더 깊이 박히고
아무도 그녀를 꺼내주지 않는다
아이 징그러워 온몸이 쭈글쭈글 하네
수런대는 사람소리에 움찔 놀라는 어머니
음지에서 자라는 딸에게 부지런히 갑옷을 껴입힌다
타인에게 쉽게 마음을 내 보이면 안 된다
온몸으로 가시를 세워야 해
싫어요 정말 싫어요
습기 찬 집구석만 벗어나면
햇빛 찬란한 곳으로 나갈 수 있어요
여름 내내 어머니의 생살을 뚫고

보랏빛 드레스 화사하게
세상 밖으로 튀어 나오는 그녀
—「가시연꽃」 전문

제 몸에 가시를 가지고 있는 식물들은 자의식이 여타 식물들보다 뾰족하게 발달되어있다. 가시연꽃 역시 날마다 어둠을 뚫기 위해 제 몸의 가시를 세우고 있다. 이 시에서 집은 그녀의 가출본능을 자극하는 억압의 기제이다. 하지만 그녀의 집은 진흙탕이라서 그녀를 쉽게 놓아주지 않는다. 그녀의 "뿌리는 진흙탕에 점점 더 깊이 박히고/ 아무도 그녀를 꺼내주지 않는다". 이 시에서 그녀를 억압하는 연못으로 표상된 어머니는 "타인에게 쉽게 마음을 내 보이면 안 된다"며 "음지에서 자라는 딸에게 부지런히 갑옷을 껴입힌다". 하지만 그녀는 "습기 찬 집구석만 벗어나면/ 햇빛 찬란한 곳으로 나갈 수 있"다는 희망을 꺾지 않고 드디어 어머니의 생살을 뚫고 세상 밖으로 튀어나온다. 이러한 화자의 태도는 심리학적으로 보면 일종의 반동형성reaction formation기제이다. 어쩌면 그가 시를 쓰는 행위도 진흙탕 같은 세상에서 "보랏빛 드레스 화사하게" 가시연꽃을 피워 올리는 것일지도 모른다. 이러한 관점에서 보면 시인이 시를 쓰는 행위는 일종의 자기 힐링의 과정이라고 말할 수 있다.

이상에서 살펴 본 바와 같이 김영자 시인의 시 쓰기는 일종의 '근원적 욕망과 어긋남의 시간여행'이라고 정의해 볼 수 있다. 그녀는 자신의 욕망에 솔직하다. 이러한 태도는 그가 이미 세상의 억압에 대처하는 삶의 지혜를 터득하고 있는 것과 무관하지 않다. 그의 시에서 가장 대표적으로 나타나는 '바다'와

'달'의 이미지는 여성으로서의 화자가 당당히 세상과 맞서 나아가게 해주는 시적 매개물들이다. 그의 시에서 '바다'와 '달'은 모두 시인 자신의 내면적 열정과 관계되어 있다. 시인은 스스로의 내면에 '바다'와 '달'을 품고 있다. 달은 스스로의 인력으로 바다에 파도를 일으킨다. 시인의 내면에서 소용돌이치는 파도의 본질은 사랑이다. 그녀의 시가 우리를 감동시키는 것은 그 안에 살아서 꿈틀거리는 사랑이 있기 때문이다.

김영자

김영자 시인은 경기도 안성에서 태어났고, 고려대학교 인문정보대학원 석사 과정을 졸업했다. 월간『문학공간』으로 등단하여 작품 활동을 시작했고, 시집으로는『문은 조금 열려 있다』,『아름다움과 화해를 하다』가 있으며, '경기도문학상 본상'(詩부문, 2001년) 과 '경기문화재단 창작지원금'(2014년)을 받았다. 김영자 시인의 세 번째 시집인『푸른 잎에 상처를 내다』는 우주적 생명력에 기초를 하여, 이 세상의 모든 사람들을 다 끌어안는 '사랑의 시학'이라고 할 수가 있다.

이메일 : kyj1333@hanmail.net

김영자 시집

푸른 잎에 상처를 내다

발　행 2014년 11월 15일

지은이 김영자
펴낸이 반송림
편집디자인 김지호
펴낸곳 도서출판 지혜
　　　 계간시전문지 애지
기획위원 반경환 이형권 황정산
주　소 300-812 대전광역시 동구 선화로 203-1 2층 도서출판 지혜 (삼성동)
전　화 042-625-1140
팩　스 042-627-1140

전자우편 ejisarang@hanmail.net
애지카페 cafe.daum.net/ejiliterature

ISBN : 979-11-5728-013-1 03810
값 9,000원

* 이 책은 2014년도 평택문인협회 창작지원금 일부를 받아 제작했습니다.